MISSION MENTAL ENDURANCE

VON MIGHTY MIND WARRIOR

© 2024 Alain Biankeu

Verlag: BoD • Books on Demand GmbH, In de Tarpen 42, 22848 Norderstedt
Druck: Libri Plureos GmbH, Friedensallee 273, 22763 Hamburg

Bei Fragen und Anregungen:

www.mightymindwarrior.ch

1. Auflage 2024

ISBN 978-3-7583-1937-2

Weitere Informationen finden sie unter
www.mightymindwarrior.ch

www.instagram.com/mightymindwarrior

INHALTSVERZEICHNIS

Inhaltsverzeichnis   4

Einleitung   3

Warm-up, Cool-down   5

   Aufwärmen   5

   Abkühlen   8

   Regeneration   10

   Hydration, Ernährung   11

   Atmung   12

Woche 1: Grundlagen aufbauen   15

Woche 2: Intensität steigern   18

Woche 3: Ausdauer und Belastbarkeit   19

Woche 4: Stress-anpassung und Reflexion   21

Erläuterungen zu den einzelnen Übungen   23

   Burpees   23

   High Knees   26

   Kniebeugen   28

   Laufen   30

   Liegestützen   37

   Mountain Climbers   38

Plank   *40*

Yoga   *43*

Über den Autor   50

1.
EINLEITUNG

Militärisches Mentaltraining geht weit über die bloße Erhöhung der körperlichen Fitness hinaus. Es umfasst eine Vielzahl von Fähigkeiten und Techniken, die darauf abzielen, die mentale und emotionale Widerstandsfähigkeit unter extremen Bedingungen zu stärken. Zu den Kernkomponenten dieses Trainings zählen taktische Fähigkeiten, die Entscheidungsfindung unter Stress, Überlebenstechniken und die Förderung effektiver Teamarbeit.

Die Fähigkeit, unter Druck rasch und präzise Entscheidungen zu treffen ist von entscheidender Bedeutung. Ebenso wie einen kühlen Kopf zu bewahren. Dies erfordert eine ausgeprägte mentale Stärke und eine hohe Belastbarkeit, die durch intensives Training und gezielte Übungen systematisch aufgebaut werden.

Teamarbeit spielt eine ebenso wichtige Rolle im Rahmen des mentalen und taktischen Trainings, was eine starke mentale Verfassung und eine tiefe psychologische Belastbarkeit erfordert.

Der Schwerpunkt dieses spezifischen Plans liegt jedoch auf der Verbesserung der körperlichen Fitness und der mentalen Belastbarkeit. Durch gezielte Übungen und Trainingseinheiten sollen die Teilnehmer lernen, ihre physischen Grenzen zu erweitern und gleichzeitig ihre mentale Härte zu entwickeln und zu festigen.

Es ist wichtig zu beachten, dass Spezialeinheiten eine sehr spezifische und umfassende Ausbildung durchlaufen, die unter fachkundiger Aufsicht steht. Der hier vorgestellte Trainingsplan soll lediglich als Ausgangspunkt und Ergänzung zu solcher spezialisierten Ausbildung gesehen werden, um ein solides Fundament für sowohl körperliche als auch mentale Ausdauer zu schaffen.

VIEL ERFOLG BEI IHREM TRAINING!

2.

WARM-UP, COOL-DOWN

AUFWÄRMEN

KEINE AUSREDE; AUFWÄRMEN IST PFLICHT

Um dein volles Potenzial auszuschöpfen und Verletzungen vorzubeugen, ist ein dynamisches Aufwärmprogramm von 2-5 Minuten vor jedem Workout unerlässlich. Hier sind die wichtigsten Gründe, warum du das Aufwärmen niemals auslassen solltest:

1. **Vorbereitung des Körpers**: Ein gutes Aufwärmen bereitet deinen gesamten Körper auf die bevorstehende Aktivität vor und stellt sicher, dass du optimale Leistung erbringst.

2. **Vorbereitung der Muskulatur**: Deine Muskeln bekommen die nötige Durchblutung und Flexibilität, um effektiv zu arbeiten und Verletzungen zu vermeiden.

3. **Verletzungen vermeiden**: Ein gründliches Aufwärmen minimiert das Risiko von Verletzungen wie Zerrungen und Gelenksüberlastungen.

4. **Optimierung der Leistung und Regeneration**: Dein Körper wird leistungsfähiger und regeneriert schneller, was die Effektivität deines Trainings erhöht.

5. **Erhöhung der Herzfrequenz**: Ein Anstieg der Herzfrequenz bereitet dein Herz-Kreislauf-System sanft auf die Intensität des Trainings vor.

6. **Förderung der Flexibilität**: Das Aufwärmen verbessert die Flexibilität, sodass du die Übungen besser und sicherer ausführen kannst.

Kurz gesagt: Ein effektives Aufwärmen bereitet nicht nur deinen Körper und deine Muskulatur auf das Training vor, sondern steigert auch die Effizienz deines Workouts und unterstützt deine langfristige Fitnessziele.

Bei plyometrische Übungen ist es besonders wichtig.

Die Möglichkeiten zum Aufwärmen sind schier unbegrenzt:

- **Beinheben**: Hebe deine Beine abwechselnd in die Luft, um deine Beinmuskulatur und Hüftbeuger auf das Training vorzubereiten.

- **Leichtes Joggen**: Laufe in einem moderaten Tempo, um deinen Kreislauf anzuregen und deine Beinmuskulatur aufzuwärmen.

- **Leichtes Joggen auf der Stelle**: Wenn du wenig Platz hast, ist Joggen auf der Stelle eine hervorragende Alternative.

- **Leichte Kniebeugen**: Führ' weniger intensive Kniebeugen durch, um deine Oberschenkelmuskulatur zu aktivieren und auf intensivere Belastungen vorzubereiten.

- **Seilspringen**: Eine dynamische Möglichkeit, den ganzen Körper in Bewegung zu bringen und das Herz-Kreislauf-System anzuregen.

- **Dynamisches Beinstrecken**: Flexible und kraftvolle Beinbewegungen, die vor allem die Oberschenkel- und Hüftmuskulatur ansprechen.

- **Dynamische Armstreckungen**: Streck deine Arme dynamisch aus, um deine Schultern und Arme auf das Training vorzubereiten.

- **Armkreisen**: Kreise deine Arme, um die Schultermuskulatur und Arme zu mobilisieren und zu wärmen.

- **Jumping Jacks**: Eine großartige Übung zur Anregung des Herz-Kreislauf-Systems und zur Aufwärmung der großen Muskelgruppen.

- **Ausfallschritte**: Mit diesen Schrittbewegungen aktivierst du deine Bein- und Gesäßmuskulatur.

- **Leichte Cardio-Übungen**: Einfache Herz-Kreislauf-Aktivitäten wie lockeres Laufen, Gehen oder hüpfen.

- **Dynamisches Stretching**: Bewegungsreiche Dehnübungen, die deine Flexibilität verbessern und die Muskulatur auf die bevorstehende Belastung vorbereiten.

- **Leichte Rotationsbewegungen**: Schwenke deinen Oberkörper in sanften Rotationsbewegungen, um die Wirbelsäule und den Core zu mobilisieren.

- **Lockeres Laufen**: Ein gemächlicher Lauf, um deinen Körper sanft auf das Training vorzubereiten.

- **Hüftkreisen**: Kreise deine Hüften, um die Flexibilität und Mobilität in diesem Bereich zu fördern.

- **Leichte Lockerungsübungen**: Einfache Bewegungen, um den ganzen Körper auf die wichtigste Aktivität vorzubereiten.

- **Beinschwünge**: Schwinge deine Beine vorwärts und rückwärts, um die Muskeln und Gelenke der unteren Extremitäten aufzuwärmen.

- **Schulterkreisen**: Kreise deine Schultern, um Verspannungen zu lösen und die Schultermuskulatur aufzuwärmen.

- **Körperrotationen**: Drehe den Oberkörper sanft von einer Seite zur anderen, um deine Rumpfmuskulatur zu mobilisieren.

- **Leichte Planks**: Eine modifizierte Version des Planks, um den Core zu aktivieren und zu stabilisieren.

- **Gehen auf der Stelle**: Eine einfache Methode, um mit wenig Platz den ganzen Körper in Bewegung zu bringen.

ABKÜHLEN

Jede Trainingseinheit sollte immer mit einer angemessenen Cool-down-Phase von einigen Minuten abgeschlossen werden. Diese Phase dient dazu:

- die Muskeldehnung zu fördern

- die Herzfrequenz zu stabilisieren

- das Verletzungsrisiko zu verringern

- die Regeneration zu optimieren

- die Effektivität des Trainings zu steigern

- die trainierten Muskeln zu dehnen und zu entspannen

- die Muskelregeneration zu unterstützen

- die Muskulatur auf die nächste Belastung vorzubereiten

- die Flexibilität zu verbessern

- die Erholungszeit zu verkürzen

Für eine kurze Abkühlphase eignen sich besonders gut:

- **Stretching**: Durch das Dehnen der Muskeln wird deren Flexibilität verbessert und die Durchblutung gefördert.

- **Dehnübungen**: Spezifische Übungen zur Dehnung helfen, Muskelverspannungen zu lösen und die Beweglichkeit zu erhöhen.

- **Leichtes Auslaufen**: Ein langsames Joggen oder lockeres Laufen hilft, die Herzfrequenz allmählich zu senken und die Durchblutung zu fördern.

- **Gehen**: Ein moderates Spazierengehen kann ebenfalls dabei helfen, die Herzfrequenz zu normalisieren und die Muskeln zu entspannen.

- **Yoga oder Pilates**: Sanfte Yoga- oder Pilates-Übungen unterstützen die Muskelentspannung und fördern die Flexibilität.

- **Foam Rolling (Faszientraining)**: Mithilfe einer Schaumstoffrolle können Verspannungen gelöst und die Muskeln massiert werden.

- **Atemübungen**: Bewusstes Atmen kann zur Beruhigung des Nervensystems und zur Entspannung beitragen.

- **Leichte Gymnastikübungen**: Wendige Bewegungen wie Armkreisen oder Hüftbeugen helfen, den Körper langsam herunterzufahren.

REGENERATION

Bei intensiveren Trainingseinheiten sollte ausreichend Zeit für die Regeneration eingeplant werden. Passen Sie Ihre Ruhezeiten Ihrem aktuellen Fitnessniveau an, um optimale Ergebnisse zu erzielen und sich auf die nächste Woche vorzubereiten.

Ein Ruhetag bedeutet jedoch nicht „gar nichts machen". Während völlige Inaktivität natürlich möglich ist, sind aktive Erholungsmaßnahmen, also leichte Aktivitäten, zu bevorzugen.

An Erholungstagen sollten Sie keine hochintensiven Übungen absolvieren, sondern sanfte Bewegungen praktizieren, um Ihre Muskeln zu entspannen, den Blutfluss zu fördern und die Erholung zu unterstützen.

Für die Regeneration können Sie folgende Aktivitäten durchführen:

- Atemübungen

- Leichte Mobilitätsroutinen (z.B. Mobilitätsübungen oder Mobility-Training)

- Leichtes Cardiotraining (z.B. entspanntes Laufen, leichtes Radfahren)

- Dehnungsübungen (z.B. sanftes Stretching)

- Sanftes Yoga oder Pilates

- Spaziergänge oder leichtes Walking

- Qigong

- Mentales Training oder Mindfulness Training

- Sanfte Bewegungsmeditation

- Taktische Bewegungen (z.B. Rollen, Crawls)

- Schwimmen

- Wandern

- Tiefenentspannungsübungen

HYDRATION, ERNÄHRUNG

Achten Sie darauf, ausreichend Wasser zu trinken, sich ausgewogen zu ernähren und genügend Schlaf zu bekommen, um die bestmöglichen Ergebnisse aus Ihrem Training zu erzielen. Eine gute Hydration und eine ausgewogene Ernährung sind entscheidend, um Ihre Leistungsfähigkeit und Erholung zu optimieren. Die Kombination aus ausreichend Flüssigkeitszufuhr, gesunder Ernährung und erholsamen Schlaf unterstützt Ihre körperliche Leistungsfähigkeit und hilft Ihnen, die physischen Anforderungen besser zu bewältigen.

   Diese Maßnahmen sorgen dafür, dass sich Ihre Muskeln optimal erholen und stärker werden können.

Denken Sie daran:
1. Trinken Sie täglich genug Wasser.
2. Ernähren Sie sich ausgewogen.
3. Gönnen Sie sich ausreichend Schlaf.

Mehr dazu erfahren Sie in unserem Buch „Mission Nutrition".

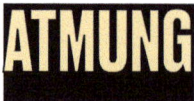

ATMUNG

LEITFADEN FÜR OPTIMALE SAUERSTOFFVERSORGUNG UND AUSDAUER

Bedeutung der Atmung: Eine gleichmäßige und tiefe Atmung ist entscheidend, um Ihren Körper während des Trainings optimal mit Sauerstoff zu versorgen und die Ausdauerleistung zu unterstützen. Vernachlässigen Sie nicht die Atmung; eine kontrollierte Atmung fördert die Sauerstoffversorgung und die muskuläre Kontrolle.

Grundlegende Atemtechnik:

- Atmen Sie tief und gleichmäßig, um Muskulatur und Ausdauer zu unterstützen.

- Nutzen Sie einen rhythmischen Atemzyklus: Atmen Sie durch die Nase ein und durch den Mund aus.

- Behalten Sie diesen Rhythmus während der gesamten Übung bei.

Atmung in spezifischen Trainingsphasen:

- **Dehnübungen:** Atmen Sie tief und gleichmäßig, um Ihren Körper zu entspannen und die Muskeln mit Sauerstoff zu versorgen.

- **Krafttraining:** Atmen Sie ein, wenn Sie die Beine heben, und aus, wenn Sie die Hüfte anheben. Bei Oberkörperübungen atmen Sie ein beim Strecken von Arm und Bein und aus beim Zurückführen in die Ausgangsposition.

- **Intensive Übungen:** Behalten Sie auch bei hoher Intensität eine tiefe und gleichmäßige Atmung bei. Atmen Sie ein, wenn Sie abspringen, und aus, wenn Sie landen.

Synchronisierung mit Bewegung:

- **Bewegungsabhängige Atmung:** Atmen Sie ein, wenn Sie sich absenken, und aus, wenn Sie sich nach oben drücken. Dies hilft, den Blutfluss und die Sauerstoffzufuhr zu den arbeitenden Muskeln zu optimieren.

- **Seitliche Bewegungen:** Atmen Sie ein, wenn Sie in die Mitte zurückkehren, und aus, wenn Sie sich seitwärts bewegen.

Gleichmäßige Atmung unter Belastung: Auch unter Anstrengung ist es wichtig, die Atmung kontrolliert und gleichmäßig zu halten, um die maximale Sauerstoffversorgung sicherzustellen.

Praktische Übungen zur Atemtechnik:

- Vermeiden Sie unregelmäßige Atmung durch Fokus auf einen gleichmäßigen Atemrhythmus.

- Koordinieren Sie Ihre Atmung mit den Bewegungen, um die Effizienz der Übung zu steigern und die Muskeln optimal zu aktivieren.

Indem Sie diese Atemtechnik-Tipps befolgen, unterstützen Sie nicht nur Ihre körperliche Leistungsfähigkeit, sondern fördern auch Ihre mentale Widerstandsfähigkeit und Ausdauer.

3.

WOCHE 1:
GRUNDLAGEN AUFBAUEN

Tag 1:
Ausdauer

- 5 km Laufen bei moderatem Tempo

Tag 2:
Kraft & Mobilität

- 3 Sätze mit 15 Liegestützen
- 3 Sätze mit 20 Kniebeugen
- 3 Sätze mit 10 Burpees
- 10 Minuten Yoga oder Dehnroutine

Tag 3:
Aktive Erholung

- 30 Minuten Spazieren oder leichtes Joggen
- Meditation oder Achtsamkeitsübungen (10 Minuten)

Tag 4:
HIIT & Core

- 20 Sekunden High Knees, 10 Sekunden Pause (8 Runden)
- 3 Sätze mit 30 Sekunden Plank
- 3 Sätze mit 20 Mountain Climbers

Tag 5:
Ausdauer & Meditation

- 5 km Laufen, letzter Kilometer als Tempolauf
- Meditation oder Atemübungen (15 Minuten)

Tag 6:
Intervalle & Beweglichkeit

- Intervalle: 1 Minute Sprint, 1 Minute Gehen (10 Runden)
- 15 Minuten Stretching oder Yoga

Tag 7:
Ruhetag

- Keine geplanten Übungen, leichte Spaziergänge sind okay
- Achtsamkeitspraxis oder Tagebuchschreiben zur Reflexion der Woche

4.
WOCHE 2: INTENSITÄT STEIGERN

Wiederholen Sie Woche 1, erhöhen Sie jedoch die Intensität des Laufens, fügen Sie bei den Kraftübungen weitere Sätze hinzu und verlängern Sie die Meditationssitzungen um jeweils 5 Minuten.

5.

WOCHE 3: AUSDAUER UND BELASTBARKEIT

Tag 1 & 4:

Lange Läufe

- 8-10 km Laufen bei moderatem Tempo

Tag 2 & 5:

Kraft und Ausdauer

- 5 Sätze mit 20 Liegestützen
- 5 Sätze mit 30 Kniebeugen
- 5 Sätze mit 15 Burpees

Tag 3:

Aktive Erholung

- 40 Minuten Radfahren oder Schwimmen

- 20 Minuten Meditation oder Achtsamkeitsübungen

Tag 6:
Ganztägige Herausforderung

- Unternehme eine Wanderung, die mehrere Stunden dauert, unter Einbeziehung von Gelände und Natur.

Tag 7:
Ruhetag

- Komplette Ruhe, jedoch weiterhin Meditation oder Achtsamkeitsübungen

6.
WOCHE 4: STRESS-ANPASSUNG UND REFLEXION

Tag 1, 3 & 5:
HIIT & Kraft

- Abwechselnde Sprints und Liegestütze (10 Runden: 30 Sekunden Sprint, 15 Sekunden Pause, 15 Liegestützen)
- Core-Training mit verschiedenen Plank-Varianten

Tag 2 & 4:
Ausdauer

- 10 km Laufen in Naturgebieten, um mentale Stärke zu fördern

Tag 6:
Mentaltest

- Vollführen Sie eine schwere körperliche Aufgabe (z. B. Holzhacken, Schnee schaufeln) über mehrere Stunden.

- Führen Sie währenddessen mentale Zähigkeitsübungen durch, indem Sie positive Mantras wiederholen oder komplexe Denkaufgaben erledigen.

Tag 7:
Ruhetag & Evaluation

- Zeit für vollständige Erholung und Selbstreflexion der Fortschritte über den Monat hinweg

- Planung des Folgemonats auf Grundlage der erreichten Ergebnisse

7.
ERLÄUTERUNGEN ZU DEN EINZELNEN ÜBUNGEN

BURPEES

Der Burpee ist eine Ganzkörperübung, die Kraft und Ausdauer aufbaut und häufig im hochintensiven Intervalltraining (HIIT) verwendet wird. Es ist eine Übung, die mehrere Bewegungselemente zu einer flüssigen Sequenz zusammenfasst. Der Burpee ist bekannt dafür, dass er sehr anstrengend ist und den Puls schnell nach oben treibt, was ihn zu einer sehr effektiven Übung für kardiovaskuläres Training.

So führst du einen Burpee korrekt aus:

- Startposition:
  Stehe gerade mit schulterbreitem Stand. Deine Arme sind an deiner Seite.

- Squat:
  Beuge die Knie und gehe in die Hocke, während du deine Arme vor dir ausstreckst.

- Hände zum Boden:
  Platziere deine Hände auf dem Boden vor deinen Füssen, ungefähr schulterbreit auseinander.

- Sprung nach hinten:
  Springe mit beiden Füssen zurück, sodass du dich in einer Liegestützposition (Planke) befindest. Dein Körper sollte eine gerade Linie von Kopf bis Fuss bilden.

- Liegestütz:
  Für eine anspruchsvollere Variante führst du an diesem Punkt einen Liegestütz aus.

- Sprung nach vorne:
  Springe von der Liegestützposition aus mit deinen Füssen wieder nach vorn in Richtung Hände.

- Hocke zu Standposition:
  Komme von der Hocke zurück in die Standposition.

- Endsprung:
  Vollführe aus der Standposition heraus einen explosiven Sprung nach oben und klatsche über dem Kopf mit den Händen zusammen.

Das ist ein Burpee. Für ein Training kannst du mehrere Burpees hintereinander und in Sätzen oder als Teil eines Intervalltrainings durchführen.

Der Burpee erfordert in hohem Maße mentale Ausdauer, da die Übung sowohl physisch als auch psychisch äußerst fordernd ist. Hier sind einige Gründe, warum der Burpee eine starke geistige Belastbarkeit erfordert:

1. **Hohe Intensität:**
   Der Burpee ist für seine Intensität bekannt. Die Übung kombiniert mehrere Bewegungsabläufe – Squat, Plank, Liegestütz und einen Sprung – zu einer flüssigen Sequenz, die den ganzen Körper beansprucht. Diese Intensität bringt Läufer schnell an ihre physischen Grenzen, was wiederum mentale Stärke erfordert, um durchzuhalten.

2. **Atemkontrolle:**
   Während der Burpees steigt die Atemfrequenz schnell an, und oft fällt es schwer, die Kontrolle über die Atmung zu behalten. Das bewusste Fokussieren auf eine regelmäßige Atmung, auch wenn der Körper unter hoher Belastung steht, erfordert mentale Disziplin.

3. **Erschöpfung überwinden:**
   Bei hochintensiven Trainings wie dem Burpee bringt der Körper schnell an seine Leistungsgrenzen, und das Gefühl der Erschöpfung stellt sich rasch ein. Die Fähigkeit, weiterzumachen, auch wenn der Körper nach Pause schreit, ist eine echte Herausforderung für den Geist.

4. **Wiederholungen durchhalten:**
   Burpees bestehen meist aus mehreren Sätzen und Wiederholungen, die hintereinander durchgeführt werden müssen. Es erfordert mentale Ausdauer, konzentriert zu bleiben und jede Wiederholung mit vollem Einsatz auszuführen, selbst wenn die Müdigkeit zunimmt.

5. **Mentale Hürden:**
   Selbst erfahrene Athleten kennen das Gefühl, mitten im Training auf mentale Hürden zu stoßen – Negative Gedanken wie "Ich kann nicht mehr" oder "Ich komme ans Limit" treten auf. Mentale Belastbarkeit bedeutet, diese Gedanken zu überwinden und weiterzumachen.

Der Burpee ist nicht nur eine physisch fordernde Übung, sondern stellt auch unsere mentale Ausdauer auf die Probe. Der Kampf gegen Erschöpfung, das Durchhalten mehrerer Wiederholungen und Sätze sowie die Überwindung mentaler Hürden machen den Burpee zu einem exzellenten Training für geistige und körperliche Härte. Indem du diese Übung regelmäßig in dein Training integrierst, stärkst du nicht nur deinen Körper, sondern auch deinen Geist – ein unverzichtbarer Vorteil für jede Art von taktischem Training und mentale Vorbereitung.

High Knees, oder Kniehebelauf, ist eine beliebte dynamische Aufwärmübung, die sowohl die Muskeln als auch das Herz-Kreislauf-System aktiviert und die Koordination verbessert. Sie wird oft in Trainingsroutinen von Läufern, aber auch in vielfältigen Fitness- und Sportprogrammen eingesetzt. High Knees können als eigenständige Übung oder als Teil einer Aufwärmsequenz durchgeführt werden, um die Körpertemperatur zu erhöhen und die Beinmuskulatur auf intensivere Aktivitäten vorzubereiten.

Im Folgenden wird beschrieben, wie Sie High Knees korrekt ausführen und was dabei zu beachten ist:

• Grundhaltung:
  Beginnen Sie in einer aufrechten Position mit leicht gebeugten Knien und Füssen, die hüftbreit auseinanderstehen. Ihr Blick ist nach vorne gerichtet und Ihr Oberkörper aufrecht. Halten Sie Ihre Hände vor dem Körper, sodass die Handflächen auf Höhe der Hüfte zeigen. Dies dient als Ziel für die knieenden Beine.

- Bewegungsablauf:
  Starten Sie die Übung, indem Sie das rechte Knie anheben und versuchen, Ihre rechte Handfläche zu erreichen. Setzen Sie daraufhin das Bein wieder ab und wechseln Sie sofort zum linken Knie, das ebenfalls in Richtung linke Handfläche gezogen wird. Die Bewegung gleicht einem schnellen Marschieren auf der Stelle, wobei die Knie jedoch deutlich höher angehoben werden.

- Tempo und Intensität:
  Steigern Sie das Tempo und springen Sie von einem Fuss auf den anderen. Die Intensität der High Knees kann durch die Geschwindigkeit und Höhe des Kniehebens variiert werden. Je höher und schneller die Knie angehoben werden, desto intensiver wird die Übung.

- Dauer:
  High Knees können entweder als Zeitintervall (z.B. 30 Sekunden durchgehend) oder als Anzahl von Wiederholungen pro Bein durchgeführt werden. Beginnen Sie mit kurzen Intervallen oder Wiederholungen und steigern Sie die Dauer nach und nach, um Ihre Ausdauer zu verbessern.

Tipps für die korrekte Ausführung:

- Konzentrieren Sie sich darauf, die Knie aktiv nach oben zu ziehen, statt lediglich den Schwung zu nutzen.

- Halten Sie den Oberkörper während der Bewegung stabil; vermeiden Sie ein übermässiges Nach-Vorne-Beugen.

- Landen Sie sanft auf den Fussballen, um die Gelenke zu schonen.

High Knees sind eine hervorragende Methode, um das Training aufzuwärmen und die Muskeln und Gelenke auf kommende Belastungen vorzubereiten. Wenn korrekt durchgeführt, helfen sie nicht nur dabei, Ihre Herzfrequenz zu erhöhen, sondern auch die Koordination und Flexibilität Ihrer Beinmuskulatur zu verbessern. Integrieren Sie High Knees in Ihr regelmässiges Workout, um Ihr Aufwärmprogramm zu bereichern und Ihre allgemeine Fitness zu steigern.

KNIEBEUGEN

Kniebeugen, auch als Squats bekannt, sind eine der grundlegendsten und wirkungsvollsten Übungen für die untere Körperhälfte. Wenn sie korrekt ausgeführt werden, stärken sie die Beinmuskulatur, das Gesäss, die Hüften und den Rumpf. Darüber hinaus fördern sie die Gelenkbeweglichkeit und können die Funktion von Sehnen und Bändern verbessern. Wegen ihres hohen Werts für ein ganzheitliches Krafttraining sind Kniebeugen ein zentraler Bestandteil vieler Fitnessprogramme. Um das Beste aus dieser Übung herauszuholen und Verletzungen zu vermeiden, ist die richtige Ausführung entscheidend.

Anleitung zur korrekten Ausführung von Kniebeugen:

1. Haltung:
   Beginnen Sie in einer aufrechten Position mit den Füssen etwa schulterbreit auseinander. Die Zehen können leicht nach aussen zeigen. Richten Sie Ihren Blick geradeaus und

halten Sie Ihr Kinn parallel zum Boden, um den Nacken neutral zu positionieren.

2. Bewegungsbeginn:
Heben Sie die Arme vor sich, um das Gleichgewicht zu halten, oder falten Sie sie über der Brust. Alternativ können Sie die Hände hinter dem Kopf verschränken oder sie gerade am Körper entlangführen, je nachdem, was für Sie angenehm ist.

3. Absenkphase:
Atmen Sie ein und beginnen Sie, die Hüften zurückzuschieben, als würden Sie sich auf einen imaginären Stuhl setzen. Beugen Sie die Knie und senken Sie Ihren Körper langsam und kontrolliert ab. Achten Sie darauf, dass die Knie parallel zu den Füssen bleiben und nicht über die Zehen hinausragen.

4. Tiefe der Kniebeuge:
Die ideale Tiefe einer Kniebeuge wird erreicht, wenn die Oberschenkel parallel zum Boden sind. Einige können tiefer gehen, was zu einer stärkeren Aktivierung der Gesässmuskulatur führt. Allerdings ist dies nur zu empfehlen, wenn Sie über eine gute Beweglichkeit verfügen und keine Schmerzen haben.

5. Aufwärtsbewegung:
Drücken Sie fest durch die Fersen, um Ihren Körper wieder in die Ausgangsposition zu heben. Atmen Sie während dieser Phase aus. Stellen Sie sicher, dass sich Ihr Rücken in einer neutralen Position befindet und nicht rund wird.

6. Wiederholungen:
Führen Sie Kniebeugen für die gewünschte Anzahl von Wiederholungen aus. Achten Sie stets darauf, die Bewegung mit voller Kontrolle und ohne Schwung durchzuführen.

Tipps für eine effektive Kniebeugenausführung:

- Halten Sie Ihren Rumpf straff und stabil, um den unteren Rücken zu schützen.

- Vermeiden Sie, dass sich die Knie nach innen oder aussen bewegen.

- Halten Sie die Füsse flach auf dem Boden und verlagern Sie das Gewicht auf die Ferse, um die richtigen Muskeln zu aktivieren.

Fehler, die es zu vermeiden gilt:

- Zu schnelles Absenken, was die Kontrolle über die Bewegung beeinträchtigt und die Verletzungsgefahr erhöht.

- Runden des Rückens, was zu Belastungen im unteren Rückenbereich führen kann.

- Überstrecken der Knie über die Zehen hinaus kann auf Dauer das Kniegelenk belasten.

Ob als Körpergewichtübung, mit Hanteln oder in einer Powerlifting-Routine, Kniebeugen sind vielseitig und bieten zahlreiche Vorteile für Kraft, Flexibilität und Gesamtbewegung.

LAUFEN

Das Laufen ist nicht nur eine hervorragende Möglichkeit, die körperliche Fitness zu verbessern, sondern bietet auch eine Plattform, die mentale Belastbarkeit zu steigern – ein wesentlicher Bestandteil taktischen Trainings. Die Fähigkeit, sowohl physische als auch psychische

Herausforderungen zu bewältigen, ist besonders wichtig bei militärischen Einheiten und extremsportlichen Aktivitäten. In diesem Artikel werden wir die Vorteile und Strategien für das Laufen über Distanzen von 5 km sowie 8-10 km erörtern, um die mentale Endurance zu fördern.

Warum Laufen?

Laufen bietet nicht nur körperliche Vorteile – wie die Verbesserung der kardiorespiratorischen Fitness, Muskelkraft und Ausdauer – sondern wirkt sich auch positiv auf die mentale Gesundheit aus. Durch das "Runner's High", ein Zustand, in dem das Gehirn Endorphine ausschüttet, erleben Läufer oft ein Gefühl der Euphorie und Stressfreiheit. Diese psychologischen Vorteile sind besonders wichtig, wenn es darum geht, mentale Belastbarkeit zu verbessern.

5 km Laufen: Die Basis der Mentalen Belastbarkeit

Ein 5-km-Lauf ist eine ausgezeichnete Gelegenheit, die Grundlagen der mentalen Belastbarkeit zu legen. Obwohl die Distanz überschaubar ist, erfordert sie dennoch Disziplin und Konzentration.

Tipps für das 5-km-Laufen:

- **Ziele setzen:**
  Definieren Sie klare Ziele wie eine bestimmte Zeit oder das Bewältigen der Strecke ohne Pausen. Diese Ziele helfen, Fokus und Motivation aufrechtzuerhalten.

- **Mentale Vorbereitung:**
  Visualisieren Sie den Lauf vor Beginn. Stellen Sie sich vor, wie Sie die Strecke erfolgreich bewältigen.

- **Tempo Management:**
  Starten Sie in einem moderaten Tempo und steigern Sie

sich allmählich. Dies hilft, Überanstrengung zu vermeiden und baut mentale Ausdauer auf.

- **Konzentration auf Atmung:**
  Eine bewusste Atemtechnik kann helfen, den Fokus zu bewahren und die mentale Stärke zu fördern.

8-10 km Laufen: Intensivierung der Taktischen und Mentalen Fähigkeiten

Das Laufen von längeren Distanzen wie 8-10 km erfordert eine höheren Grad an Ausdauer und mentale Härte. Diese Distanz bietet eine gute Balance zwischen physischer Herausforderung und der Notwendigkeit, mentale Strategien zu entwickeln.

5 Wichtige Aspekte zur Verbesserung Ihrer Mentalen Belastbarkeit beim Laufen

1. Mentale Teilziele: Strecken in Abschnitte unterteilen:

- Das Laufen langer Distanzen kann überwältigend wirken, besonders wenn man sich auf das Endziel konzentriert. Eine effektive Methode, um dies zu bewältigen, ist das Setzen von mentalen Teilzielen. Zerlegen Sie die Strecke in kleinere Abschnitte, beispielsweise in 1-km-Intervalle oder markante Punkte entlang der Route.

- Anstatt sich auf die Gesamtdistanz von 8-10 km zu fokussieren, konzentrieren Sie sich darauf, einen Abschnitt nach dem anderen erfolgreich zu meistern. Jedes erreichte Teilziel gibt Ihnen ein Gefühl des Erfolgs und baut Ihre Motivation auf, den nächsten Abschnitt anzugehen. Diese Methode hilft nicht nur dabei, die gesamte Distanz mental weniger belastend zu gestalten, sondern schult auch Ihre Fähigkeit zur Fokusbewahrung und Zielerreichung.

2. Taktische Strategien: Unterschiedliche Tempointervalle:

- Um sowohl Ihren Körper als auch Ihren Geist optimal zu fordern und zu trainieren, sollten Sie taktische Strategien beim Laufen einbeziehen. Eine effektive Methode ist das Wechseln zwischen unterschiedlichen Tempointervallen.

- Zum Beispiel können Sie einen Zeitraum von 1 Minute in hohem Tempo laufen, gefolgt von 2 Minuten in einem moderaten Tempo. Wiederholen Sie diesen Zyklus über die gesamte Distanz. Diese Tempointervalle helfen Ihnen, die Herzfrequenz zu variieren und Ihr kardiovaskuläres System zu fordern. Gleichzeitig fördert dies Ihre mentale Flexibilität, da Sie ständig zwischen verschiedenen Anstrengungsgraden wechseln und sich darauf einstellen müssen. Diese Methode stärkt Ihre Fähigkeit, sich an wechselnde Bedingungen anzupassen - eine wichtige Fähigkeit in taktischen und militärischen Situationen.

3. Positives Mantra: Mentale Unterstützung in schwierigen Momenten:

- Ein weiteres mächtiges Werkzeug zur Steigerung der mentalen Belastbarkeit ist das positive Mantra. Entwickeln Sie ein kurzes, motivierendes Mantra, das Sie in schwierigen Momenten wiederholen können.

- Dieses Mantra könnte beispielsweise lauten: "Ich bin stark und ausdauernd" oder "Jeder Schritt bringt mich meinem Ziel näher". Sprechen Sie dieses Mantra leise zu sich selbst oder denken Sie es, wenn Sie Müdigkeit und Zweifel verspüren. Diese positiven Affirmationen helfen Ihnen, negative Gedanken zu verdrängen und erneut Fokus und Entschlossenheit zu finden. Das Wiederholen eines Mantras in herausfordernden Situationen stärkt zudem Ihre mentale Widerstandsfähigkeit und fördert eine positive Geisteshaltung.

4. Umgang mit Erschöpfung: Mentale Techniken und Achtsamkeit

- Erschöpfung ist ein unvermeidbarer Teil des Laufens langer Distanzen, doch der richtige Umgang damit kann den Unterschied ausmachen. Entwickeln Sie mentale Techniken, um in Zeiten körperlicher Erschöpfung weiterzumachen.

- Ein Ansatz ist die Achtsamkeit. Fokussieren Sie sich bewusst auf Ihre Atmung, nehmen Sie jeden Atemzug wahr und bleiben Sie im Moment. Eine tiefere, kontrollierte Atmung kann die Sauerstoffzufuhr verbessern und Erschöpfung verringern. Ein weiterer Trick ist das Erinnern an Ihre Motivation und Ziele. Visualisieren Sie ein Bild von sich selbst am Ziel oder denken Sie an den Grund, warum Sie laufen. Diese Gedankengänge helfen Ihnen, eine positive Einstellung zu bewahren und Ihre mentale Stärke zu nutzen, um weiterzumachen.

5. Monitoring und Reflexion: Kontinuierliche Verbesserung:

- Nach jedem Lauf sollten Sie sich Zeit nehmen, um eine kurze Reflexion durchzuführen. Fragen Sie sich: Was lief gut? Wo hatten Sie Schwierigkeiten? Was haben Sie während des Laufens gelernt?

- Notieren Sie Ihre Gedanken und Erkenntnisse in einem Laufjournal. Diese Reflexion hilft Ihnen nicht nur, Ihre Fortschritte zu verfolgen, sondern auch, spezifische Bereiche zur Verbesserung zu identifizieren. Beispielsweise können Sie herausfinden, dass Sie Ihre Atmung in bestimmten Intervallen verbessern müssen oder dass ein bestimmtes Mantra besonders gut funktioniert hat. Durch diese kontinuierliche Selbstüberprüfung und Anpassung Ihrer Strategien schulen Sie nicht nur Ihre körperliche, sondern auch Ihre geistige Leistungsfähigkeit.

- Reflexion und Monitoring sind zentrale Elemente, um aus jeder Trainingseinheit zu lernen und Ihre Fähigkeiten stetig zu verbessern. Diese systematische Herangehensweise fördert langfristig sowohl Ihre körperliche Ausdauer als auch Ihre mentale Belastbarkeit.

LAUFEN ALS WERKZEUG FÜR MENTALE BELASTBARKEIT

Laufen ist weit mehr als eine Form der körperlichen Betätigung. Es ist eine Plattform, um mentale Resilienz und taktische Fähigkeiten zu entwickeln. Durch das Setzen von Zielen, mentale Vorbereitung und die Anwendung spezifischer Strategien können Läufer ihre mentale Endurance nicht nur auf kurzen Strecken wie 5 km, sondern auch auf längeren Distanzen von 8-10 km erheblich stärken.

Diese Fähigkeiten sind besonders wertvoll in militärischen Kontexten und bei Extremsportarten, wo die Fähigkeit, unter Druck zu funktionieren und physische Herausforderungen zu meistern, von entscheidender Bedeutung ist. Beginnen Sie noch heute, Ihre mentalen und physischen Grenzen zu testen und zu erweitern — beim nächsten Lauf über 5 km oder 8-10 km.

LIEGESTÜTZEN

Liegestütze gehören zu den bewährtesten und effektivsten Übungen, wenn es darum geht, Kraft und Muskulatur im Oberkörper aufzubauen. Nicht nur die Brustmuskeln, Trizeps und Schultern werden gestärkt, sondern auch die Rumpfmuskulatur profitiert von dieser Ganzkörperübung.

Hier sind die Schlüsselkomponenten für die korrekte Ausführung von Liegestützen:

- Hände und Armstellung:
  Platzieren Sie Ihre Hände flach auf dem Boden, etwa schulterbreit auseinander. Die Finger sollten nach vorne zeigen oder leicht nach aussen gedreht sein, um die Handgelenke zu entlasten. Die Arme sollten beim Start in vollständig gestreckter Position sein, wobei die Ellenbogen nicht vollständig verriegelt sein sollten.

- Körperhaltung:
  Der gesamte Körper sollte eine gerade Linie bilden, von den Fersen bis zum Kopf. Vermeiden Sie es, Ihr Gesäss zu hoch oder zu tief zu halten, da dies zu einer inkorrekten Belastung führen kann. Die Bauch- und Gesässmuskeln sollten während der gesamten Übung angespannt sein, um den unteren Rücken zu schützen und die Körperstabilität zu erhöhen.

- Abwärtsbewegung:
  Beim Absenken des Körpers sollten die Ellenbogen leicht nach hinten zeigen und nah am Körper bleiben, anstatt nach aussen zu fliegen. Senken Sie sich ab, bis die Brust oder das Kinn fast den Boden berühren.

- Aufwärtsbewegung:
  Drücken Sie sich kraftvoll nach oben, bis Ihre Arme wieder fast durchgestreckt sind - achten Sie auch hier darauf, die Ellenbogen nicht vollständig zu verriegeln. Die Bewegung sollte kontrolliert sein und Ihre Körperhaltung gleichbleibend gerade.

Sie können Variationen einbauen, um verschiedene Muskelgruppen zu betonen oder die Intensität zu steigern. Zu diesen Variationen gehören enge Liegestütze (für Trizeps), Liegestütze mit erhöhten Beinen, und Explosiv-Liegestütze, bei denen Sie die Hände vom Boden abheben.

MOUNTAIN CLIMBERS

Mountain Climbers, auch bekannt als Bergsteiger, sind eine hervorragende Ganzkörperübung mit Schwerpunkt auf Kardio und Kernmuskulatur. Sie kombinieren die Vorteile einer Plank-Haltung mit der Bewegung der Beine, was nicht nur die Rumpfmuskulatur stärkt, sondern auch die Herzfrequenz erhöht und die Ausdauer verbessert.

So führen Sie Mountain Climbers korrekt aus:

- Startposition:
Beginnen Sie in der Liegestütz- oder Plank-Position mit den Händen fest auf dem Boden, etwa schulterbreit auseinander. Ihre Arme sind gestreckt, und Ihr Körper bildet eine gerade Linie von den Fersen bis zu Ihrem Kopf.

- Bergsteiger-Bewegung:
Ziehen Sie das rechte Knie in Richtung Ihrer Brust, ohne dass die Hüften dabei hochkommen. Halten Sie Ihren Rumpf fest und stabil.

- Zurück zur Startposition:
Kehren Sie schnell zur Startposition zurück, indem Sie das rechte Bein strecken und gleichzeitig ziehen Sie das linke Knie in Richtung Ihrer Brust.

- Wechselseitig wiederholen:
Fahren Sie fort, die Beine schnell und abwechselnd einzuziehen, ähnlich wie beim auf der Stelle Laufen. Stellen Sie sich vor, Sie klettern einen Berg hinauf, daher der Name Mountain Climbers.

Einige hilfreiche Tipps für die Durchführung von Mountain Climbers:

- Halten Sie Ihren Rücken während der gesamten Übung gerade und vermeiden Sie es, die Hüften anzuheben oder sinken zu lassen. Ihr Körper sollte in einer geraden Linie bleiben.

- Konzentrieren Sie sich darauf, Ihre Bauchmuskeln während der gesamten Bewegung angespannt zu halten, um den Rumpf zu stärken und zu schützen.

- Passen Sie das Tempo an Ihre Fitnessziele an: Ein schnelleres Tempo erhöht die Herzfrequenz für ein intensiveres kardiovaskuläres Training, während ein langsameres Tempo den Fokus mehr auf die Kräftigung der Rumpfmuskulatur legt.

- Um die Schwierigkeit zu erhöhen, können Sie die Füsse auf Gleitpads oder in TRX-Schlingen setzen.

Mountain Climbers sind eine vielseitige Übung, die sich hervorragend in HIIT-Workouts (High Intensity Interval Training) oder Circuit-Trainingsprogramme einfügt und sowohl die aerobe als auch die anaerobe Kondition verbessern kann.

PLANK

Die Plank, auch bekannt als Unterarmstütz, ist eine effektive isometrische Übung, die darauf abzielt, die Kernmuskulatur zu stärken. Sie ist eine der einfachsten und doch herausforderndsten Übungen, die in fast jedes Fitnessprogramm integriert werden kann. Durch die Stärkung der Bauchmuskeln, des unteren Rückens und der Schultern verbessert die Plank nicht nur die Körperhaltung, sondern unterstützt auch die funktionelle Kraft, die für alltägliche Aktivitäten und andere sportliche Bewegungen benötigt wird. Um diese Vorteile zu nutzen, ist es wichtig, die Plank korrekt auszuführen.

So wird eine Plank richtig ausgeführt:

1. Startposition:
   Beginnen Sie auf allen vieren und positionieren Sie Ihre Ellbogen direkt unter Ihren Schultern. Die Unterarme liegen flach auf dem Boden, und die Hände können entweder zu Fäusten geballt, flach auf den Boden gedrückt oder ineinander verschränkt werden – wählen Sie die Position, die für Sie am bequemsten ist.

2. Körperausrichtung:
   Schieben Sie Ihre Beine nach hinten und heben Sie Ihre Hüften, so dass Ihr Körper eine gerade Linie von den Schultern bis zu den Fersen bildet. Vermeiden Sie das Durchhängen des unteren Rückens oder das Hochdrücken des Gesässes, da beides die Effektivität der Übung reduziert und zu Verletzungen führen kann.

3. Körperspannung:
   Aktivieren Sie Ihre gesamte Rumpfmuskulatur, indem Sie Ihre Bauchmuskeln anspannen, als würden Sie sich darauf vorbereiten, einen Schlag in den Magen zu erhalten. Halten Sie auch Ihr Gesäss und Ihre Oberschenkelmuskulatur fest. Die Spannung in der Kernmuskulatur hilft dabei, das Becken zu stabilisieren und den unteren Rücken zu schützen.

4. Blickrichtung und Nackenposition:
   Halten Sie Ihren Nacken in einer neutralen Position, indem Sie den Blick nach unten richten und somit eine Verlängerung Ihrer Wirbelsäule erzeugen. Vermeiden Sie es, den Kopf zu heben oder sinken zu lassen, um Verspannungen im Nacken zu verhindern.

5. Atmung:
   Atmen Sie gleichmässig und tief durch. Eine kontrollierte Atmung unterstützt die Körperspannung und ermöglicht ein längeres Halten der Plank.

6. Dauer:
   Halten Sie die Position für die vorgegebene Zeit, typischerweise zwischen 20 Sekunden und mehreren Minuten, abhängig von Ihrem Fitnesslevel. Achten Sie vor allem darauf, die korrekte Form über die gesamte Dauer beizubehalten, anstatt die Zeit zu verlängern, auf Kosten der Technik.

7. Variationen:
   Knie-Plank, bei der die Knie am Boden bleiben. Seitenplank; Plank mit Gehbewegungen der Arme und Beine. Erhöhte Plank mit den Händen auf einem Gymnastikball einbauen, um die Übung anspruchsvoller zu gestalten.

Fehler, die vermieden werden sollten:

- Hüften zu hoch oder zu tief: Dies reduziert die Belastung auf dem Kern und kann Rückenschmerzen verursachen.

- Hohlkreuz: Vermeiden Sie ein Durchhängen des Rückens, indem Sie die Bauchmuskeln fest anspannen.

- Verspannter Nacken: Halten Sie den Nacken neutral, ohne den Kopf zu senken oder nach oben zu schauen.

Eine gut durchgeführte Plank fördert Stärke und Stabilität des gesamten Körpers. Integrieren Sie diese effektive Übung regelmässig in Ihr Workout-Programm und steigern Sie nach und nach die Dauer, um Ihre Bauchmuskulatur sichtbar zu kräftigen und Ihre Gesamtleistungsfähigkeit zu verbessern.

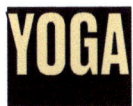

Yoga ist eine wunderbare Praxis, die Körper und Geist miteinander harmonisiert und zu mehr Wohlbefinden und innerer Balance führt. Hier sind einige leichte Yogaübungen.

TADASANA (BERGHALTUNG)

Vorteile:

- Verbesserung der Körperhaltung

- Stärkung der Beine

- Förderung von Gleichgewicht und Konzentration

Ausführung:

1. Stellen Sie sich aufrecht hin, die Füße hüftbreit auseinander. Verteilen Sie das Gewicht gleichmäßig auf beide Füße.

2. Spannen Sie die Oberschenkel leicht an und heben Sie die Kniescheiben an, ohne die Beine zu überstrecken.

3. Ziehen Sie das Steißbein leicht nach unten und den Bauchnabel sanft zur Wirbelsäule.

4. Die Arme hängen entspannt an den Seiten, die Handflächen zeigen nach innen.

5. Strecken Sie die Wirbelsäule und spüren Sie, wie Sie von den Fersen bis zum Scheitelpunkt wachsen.

6. Halten Sie den Blick geradeaus und atmen Sie tief und ruhig ein und aus.

BALASANA (KINDHALTUNG)

Vorteile:

- Dehnung des unteren Rückens, der Hüften und Oberschenkel

- Beruhigung des Geistes

- Linderung von Stress und Müdigkeit

Ausführung:

1. Beginnen Sie im Kniestand, die großen Zehen berühren sich und die Knie sind auseinander.

2. Senken Sie Ihre Hüften auf die Fersen und legen Sie Ihre Stirn sanft auf den Boden.

3. Strecken Sie die Arme nach vorne aus oder legen Sie sie entspannt neben den Körper, die Handflächen zeigen nach oben.

4. Atmen Sie tief ein und aus und entspannen Sie sich in dieser Position für mindestens 30 Sekunden.

ADHO MUKHA SVANASANA (HERABSCHAUENDER HUND)

Vorteile:

- Kräftigung der Arme, Schultern und Beine

- Dehnung des Rückens und der Beinrückseiten

- Verbesserung der Durchblutung

Ausführung:

1. Beginnen Sie auf Händen und Knien, die Hände sind schulterbreit auseinander, die Knie hüftbreit.

2. Spreizen Sie die Finger weit und drücken Sie die Handflächen fest in den Boden.

3. Heben Sie die Knie vom Boden ab und strecken Sie die Beine, sodass die Hüften nach oben und hinten gezogen werden.

4. Lassen Sie den Kopf zwischen den Armen hängen und richten Sie den Blick zu den Knien oder dem Bauchnabel.

5. Strecken Sie die Wirbelsäule und drücken Sie die Fersen sanft in Richtung Boden (sie müssen nicht den Boden berühren).

6. Halten Sie diese Position für 5-10 tiefe Atemzüge.

BHUJANGASANA (KOBRA)

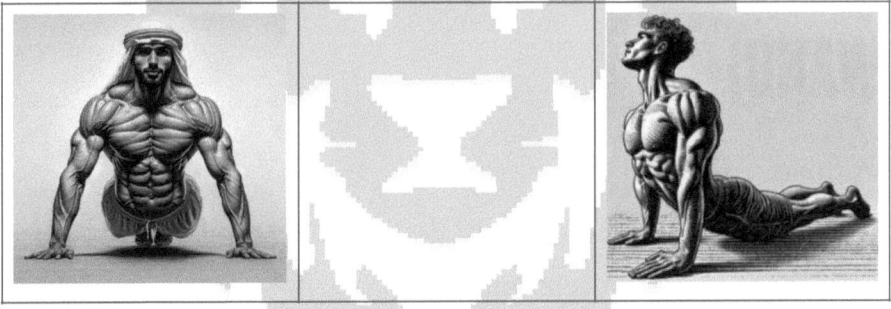

Vorteile:

- Stärkung der Rückenmuskulatur
- Dehnung der Brust und Wirbelsäule

- Linderung von Verspannungen im oberen Rücken- und Nackenbereich

Ausführung:

1. Legen Sie sich flach auf den Bauch, die Beine gestreckt und die Fußrücken auf dem Boden.

2. Platzieren Sie die Hände unter den Schultern, die Ellenbogen sind nah am Körper.

3. Drücken Sie die Handflächen in den Boden und heben Sie beim Einatmen den Oberkörper sanft an, wobei Sie nur bis zum Bauchnabel aufsteigen.

4. Halten Sie die Schultern entspannt und weg von den Ohren, und heben Sie den Brustkorb ohne die Hüften vom Boden zu heben.

5. Blicken Sie leicht nach vorne oder nach oben und halten Sie die Position für 5-10 Atemzüge.

6. Senken Sie den Oberkörper beim Ausatmen wieder ab.

VIPARITA KARANI (BEINE AN DER WAND)

Vorteile:

- Linderung von Müdigkeit in den Beinen und Füßen

- Förderung der Durchblutung

- Entspannung und Stressabbau

Ausführung:

1. Setzen Sie sich seitlich zu einer Wand, so nah, dass Ihre Hüfte die Wand berührt.

2. Schwingen Sie die Beine hoch und legen Sie sich gleichzeitig auf den Rücken, sodass Ihre Beine senkrecht an der Wand hochliegen.

3. Ihre Hüften können die Wand leicht berühren oder ein kleines Stück davon entfernt sein (je nach Beweglichkeit).

4. Die Arme liegen entspannt neben dem Körper, die Handflächen zeigen nach oben.

5. Schließen Sie die Augen und atmen Sie tief und ruhig ein und aus.

6. Bleiben Sie mindestens 5 Minuten in dieser Position und entspannen Sie vollständig.

SHAVASANA (TOTENSTELLUNG)

Vorteile:

- Tiefenentspannung

- Beruhigung des Nervensystems

- Linderung von Stress und Anspannung

Ausführung:

1. Legen Sie sich flach auf den Rücken, die Beine leicht auseinander, die Fußspitzen fallen locker nach außen.

2. Die Arme liegen entspannt neben dem Körper, die Handflächen zeigen nach oben.

3. Schließen Sie die Augen und atmen Sie tief und ruhig ein und aus.

4. Entspannen Sie bewusst jeden Teil des Körpers von den Zehen bis zum Scheitel.

5. Bleiben Sie mindestens 5-10 Minuten in dieser Position und genießen Sie die Ruhe.

Fazit: Diese leichten Yogaübungen bieten eine solide Basis. Durch die regelmäßige Durchführung können Sie Ihre Flexibilität, Kraft und Entspannung verbessern. Achten Sie immer darauf, die Übungen langsam und kontrolliert auszuführen.

NAMASTE!

TEILE DEINE ERFAHRUNGEN MIT UNS UND WERDE TEIL DER MMW COMMUNITY!

ÜBER DEN AUTOR

Autor: Alain Biankeu, Mighty Mind Warrior

Lassen Sie sich von diesem außergewöhnlichen Buch inspirieren. Der Autor, bekannt für seine optimistische Lebenseinstellung, zeigt uns, wie man mit Zuversicht und Freude jeden Tag in vollen Zügen genießen kann. Erfolg kommt nicht von ungefähr, das weiß er nur zu gut. Mit dem Credo „Von nichts kommt nichts" und einer unerschütterlichen Entschlossenheit hat er bewiesen, wie man durch harte Arbeit und Beständigkeit seine Ziele erreichen kann.

Dieses Buch vermittelt wertvolle Prinzipien und Strategien für körperliches Training und Fitness, die jeder anwenden kann, unabhängig von den individuellen Ausgangsbedingungen. Es zeigt, dass es immer Raum für persönliches Wachstum und Verbesserung gibt, und ermutigt dazu, niemals aufzuhören, an sich zu arbeiten. Die Bodenständigkeit und die Wertschätzung für die kleinen Freuden des Lebens, die der Autor verkörpert, machen seine Erkenntnisse besonders zugänglich und motivierend.

Mit unermüdlichem Ehrgeiz und der Bereitschaft, ständig neue Herausforderungen anzunehmen, inspiriert der Autor dazu, Höchstleistungen im Training zu erzielen und die individuelle Fitness zu optimieren. Dieses Buch ist ein wertvoller Leitfaden für alle, die auf der Suche nach einem fitteren, gesünderen und ausgeglicheneren Leben sind.

Entdecken Sie, wie Sie durch positive Einstellung, harte Arbeit und unstillbaren Ehrgeiz Ihr volles körperliches Potenzial entfalten können. Lassen Sie sich von diesem Werk begeistern und finden Sie Ihre eigene Freude am Training und an einem fitten Lebensstil!